康有爲著
蔣貴麟恭輯

康南海先生遺墨

文史哲出版社印行

國家圖書館出版品預行編目資料

康南海先生遺墨 / 康有為著. -- 初版 --臺北
市 :文史哲, 民 105.06
頁;　公分
ISBN 978-986-314-307-9（平裝）

1.書法 2.作品集

943.5　　105011128

康南海先生遺墨

著　者：康　有　爲
恭輯者：蔣　貴　麟
出版者：文　史　哲　出　版　社
http:// www.lapen.com.tw
e-mail:lapen@ms74.hinet.net
登記證字號：行政院新聞局版臺業字五三三七號
發行人：彭　正　雄
發行所：文　史　哲　出　版　社
印刷者：文　史　哲　出　版　社
臺北市羅斯福路一段七十二巷四號
郵政劃撥帳號：一六一八〇一七五
電話886-2-23511028 ・ 傳真886-2-23965656

定價新臺幣二四〇元

2016 年（民一〇五）六月初版

ISBN 978-986-314-307-9　　92019

康有為先生

康南海先生遺墨　目次

康有爲傳（一八五八—一九二七）

康有為字廣廈，號更生，原名祖詒，廣東南海人。光緒二十一年（一八九五）進士用工部主事，少從朱次琦遊，博通經史，好公羊家言。　言孔子改制，倡以孔子紀年，尊孔保教。先聚徒講學，入都上萬言書，議變法。給事中余聯沅劾以惑世誣民，非聖無法，請焚所著書。中日議款，有為集各省公車上書，請拒和，遷都，變法。格不達，復獨上書，由都察院代遞。上覽而善之，命錄存備省覽。　再請誓群臣以定國是，開制度局以議新制，別設法律等局，以行新政。均下總署議。二十四年（一八九八）有為立保國會於京師，尚書李端棻，學士徐致靖、張百熙，給事中高燮，曾先後疏薦有為才，至是始召對。有為極陳四夷交侵，覆亡無日，非維新變舊不能自強。變法須統籌全局而行之，偏及用人行政。上歎曰：「奈掣肘何！」有為曰：「就皇上現有之權，行可變之事，扼要以圖，亦足救國。唯大臣守舊，當廣召小臣破格擢用。」

並請下哀痛之詔，收拾人心。上皆韙之。自辰入至日昃始退，命在總理衙門章京上行走，特許專摺言事。

旋召侍讀楊銳，中書林旭，主事劉光第，知府譚嗣同，參預新政。有為連條議以進。於是詔定科舉新章，罷四書文，改試策論。立京師大學堂，譯書局，興農學，獎新書，新器，改各省書院為學校。許士民上書言事。諭變法，裁詹事府通政司、大理、光祿、太僕、鴻臚諸寺，及各省與總督同城之巡撫，河道總督、糧道、鹽道。並議開懋勤殿，定制度，改元易服，南巡遷都。未及行，以抑格言路，首違詔旨，盡奪禮部尚書侍郎職。舊臣疑懼，群起指責有為。御史文悌復痛劾之。上先命有為督辦官報，復促出京。上雖親政，遇事仍承太后意旨。久感外侮，思變法圖強。用有為言，三月維新，中外震仰。唯新進驟起，機事不密，遂致害成。時傳將以兵圍頤和園，劫太后。人心惶惑。上硃諭銳等，籌議調和，有朕位且不能保之語。語具銳傳。於是太后復垂簾，盡罷新政，以有為結黨營私莠言亂政褫職逮捕，有為先走免，逮其弟廣仁及楊銳等下獄，並處斬。

復以有為大逆不道，構煽陰謀．頒硃諭宣示，並籍其家懸賞購捕。

有為已星夜出都，航海南下，英國兵艦迎至吳淞，時傳上已幽廢且被弒，有為草遺言，誓以身殉，將蹈海，英人告以訛傳，有為始脫走亡命日本。流轉南洋，遍遊歐美各國。所至以尊皇保國相號召，設會辦報，集資謀再舉，屢遇艱險不少阻。嘗結富有會起江漢，皆為官兵破獲，誅其黨，連詔大索毀所著書，閱其報章者並罪之。初太后議廢帝，稱病徵醫，久閉瀛台，旦夕不測，有為聞之，首發其謀，清議爭阻，外人亦起責言。兩江總督劉坤一言：　君臣之分已定，中外之口難防，始罷廢立。拳匪起，以滅洋人，殺新黨為號。太后思用以立威，遂肇大亂。凡與有為往還者，輒以康黨得奇禍。宣統三無鄂變作，始開黨禁。　戊戌政變獲咎者悉原之，於是，有為出亡十餘年矣，始謀歸國。時民軍決行共和，廷議主立憲。而有為創虛君共和之議。　以中國帝制行已數千年不可驟變，而大清得國最正，歷朝德澤淪浹人心，存帝號以統五族，弭亂息爭，莫順於此。內閣總理大臣袁世凱徇民軍請，決改共和，遂下遜位之詔，有為知空言不足挽阻，思結握兵柄者以自重，頗遊說當局，數年無所就。丁巳張勳復辟，以有為弼德院副院長，勳議行君主立憲，有為仍主虛君共和。事變，有為避美國使館，旋脫歸上海。甲子移宮事起，修改優待條件，有為馳電以爭，略曰：優待條件係大清皇帝與民國臨時政府議定，永久有效。由英使保證，並用正式公文通告各國以昭大信，無異國際條約。今政府擅改條文。強令簽認，復敢挾兵搜宮，侵犯皇帝，侮逐后妃，抄沒寶器，不顧國信，倉卒要盟，則內而憲法，外而條約，皆可立廢，尚能立國乎。　皇上天下為公，中外共仰，豈屑與爭，實為民國羞也。明年移蹕天津，有為來覲謁，以進德修業親賢遠佞為言。丁卯，有為年七十，賜壽，手疏泣謝，歷敘恩遇及一生艱險狀，悲憤動人，時有為懷今感舊，傷痛已甚，哭笑無端，自知將不起，遂草遺書，病卒於青島。有為天資瑰異，古今學術無所不通，堅於自信，每有創論，常開風氣之先，初言改制，次論大同，謂太平盛世必可坐致，終悟天人一體之理。述作甚多，其著者有孔子改制考，新學偽經考，春秋董氏學，春秋筆削大義微言考，大同書、物質救國論、電通及康子內外篇，長興學舍、萬木草堂、天遊廬講學記，各國遊記暨文詩集等，其門人張伯楨為彙刊萬木草堂叢書。

論曰：光宣兩朝，世變迭起，中國可謂多故矣，其事皆分見於紀傳，斷代為史，辛亥以後，例不能詳，唯丁巳復辟，甲子移宮，實為遜位後兩大案。而勳與有為又與清室相終始，亦不可遂沒其人，明末三王及諸遺臣史皆勿諱。今仿其體並詳著於篇，庶幾考有清一代之本末者有所鑒焉。（採自「病史稿」卷二六〇）。

如有王者必世而後仁
聖人思仁政之難以春秋明
王事爲夫有王者而後有
仁政蓋必待之積世如此其

難也春秋託王所為張三
世歟且吾刪詩至苞稂而
傷天下之無王也正雅至
苕華而哀民生之多艱

也乃作春秋而行王事
爲鑑有所筆之削之褒
貶之以待後聖為歷傳閱
世所閱世所見世而後太

平王者之不作久矣即歲
閒世遇焉又必遲迴久之
而後教化成而頌聲作
念天地之悠悠未嘗不惻惻

況詳也吾嘗筮易得旅曰
鳳鳥不至河不出圖吾已
矣夫傷王者之不見也迺
感獲麟而作春秋託辭

王而明改制疾時世之不
仁也豈得已哉何謂之王王
者必受命而後王必改正朔
易服色制禮樂一統乎天

下而後王深察王號之大
意王者皇也方也匡也黃也
往也天覆無外地載兼愛
王術之謂也春秋明王道

王道本于仁故春秋之義莫
重于仁而必張三世者何哉
蓋春秋託始亂世中進為
升平世終乃至太平世然後

教化流行德澤大洽人人
有士君子之行故王者必世
而後仁春秋之義蓋為後
王法也雖然滄海横流歎

河清之英俟美人遲暮
吹參差甚誰思渺〻文琴
沉沉旦夢善王者蓋已久
矣日尋干戈力征經營之

禍慘哉葱葱望氣之下皆
將奔走偕來曰真人將出
當是時望一統之王者
矣而如其天命有歸歟

貞符而上頌聖人在位識
海水而来王宜箸不後義
而前歌武然進觀夫受命
之主雖規模閎遠日不暇

給而禮樂之興往往待之百
年若夫湯湯纔掖誦博士
之詩書邈邈遠夷受圜橋
之冠帶仁矣則已在數世

後矣王者于此神靈宣天地祕惜之方此天下定累聖焦勞之業宣意一車兩馬而還万万同一槼而吾

道竟何之也民罹水火
狹隘酷烈之日深哉于〻
含生之下莫不瞻卬呼籲
于皇天后土嘗是時望救

民之王者矣而如其榮河溫
洛重觀瑞應之圖泰岱云
亭躬遇登封之典宜爲不
含和而吐氣哉盛驥觀夫

開創之君雖早朝晏罷勤
恤民隱而獨復之詔往往待
之後人至夫公私之倉廩
皆豐友朋膠漆官吏之

子孫可長廉讓風矣仁矣則已在易世後矣王者乎此天下實慨惜相傳之器此蒼生皆環頸待命之

人豈意名山鉛槧之餘
忽反顧而流涕哀高邱
之無女也有王者乎必取
法乎春秋乎

錢兒吾所愛五十
子生初鳳骨凝端
秀神明得靜舒
嘉名与延壽佳

氣喜充閭陽歲
方摩頂吾家有
貳儲老夫顧似
我大母家憐渠

戲綵為天舞
含飴送月諸
甫行騎竹馬
學語賣漁魚
嬉笑多陳

俎追隨解整裙
讓梨呼姊弟
懷橘落庭除犢
呧情傷老牛牽

齒折予豈惟覓
梨棗頻解好文
書誦我詩三十知
人數百餘大賢

猶望汝天意可
從余驥子好非
癖衰師嬌不如
傳宗識麟鳳

鄰舍別龍豬
欲以青箱託深
驚白髮疎逋臣
猶瑣尾愛子竟

離居顧復何足
及殷勤亦只且
他時學禮過猶
望帶經耡所愧

為人父飛行寄
汽車
同籛兒貌似我生
三周晬矣吾

母八十九歲不懼聞誦
詩能三十首書寄
縮機汽車与之
康更生記于須磨

辛亥十一月二十六日

開歲忽六十元日歲
丁巳除夕飲團欒辭
兒開鼓吹爆竹聲
震雷紅梅麗繁藟

雪花大如尺飛來徧
階陀池臺鋪瑤玉林
樹綴瓊珥天姥舞
羽衣來獻新年瑞

嚴服事上帝酒醴祀

祖妣燈燭爛廊檻

兒女懽饔饎俛仰

易元正感慨追我史

長途行漫〻猶記當童
戲視彼耆舊翁相隔
遠莫比豈料親吾
身及此花甲暨長江

夜大浪漏舟渡揚子
過雨蘇臺屋瓦飛立
冬堅華直遷星落磚標
雨過後瓦假磚移

半寸中腦遂已建大
同書未著中國人多
此廿八患以風半載痛
不止摩醫束手謝自

計亦乏已蘇村延年屋
瞑目將不食令妻与壽
母旁觀淚漣〻海外有
良方書架得數紙折

死妄嘗藥看疾居然
須海通大勢變萬國
進猛鷙中華猶守
舊沉沉君鼾睡上自

馬江敗下迄割臺議
不忍吾國危七上書投
匭遭逢　堯舜君
采納及翁范震雷馳

霹靂复洗除舊疾維
新甫百日昭蘇勤哥
秉壯晨遘呂武讒慝
遏宰嚭毒霧曈亮

臺寬雲慘紫帝竟遭甘露禍逮捕三千騎閉城三日索鐵路中斷毀津滬並大搜

驚濤立海水兵艦
走飛鷹嚴電馳
遠近密詔命吾行
仲弢歌變徵戒吾易

僧服北走蒙古寺務
博長號清過律難
自詡吾生信天命自得
六年畏纏律登之界捨

石圖忌諱到處得傳
詔正法看訛地驚聞
上大行會身披海記英
吏力挽我勸言宜少俟

饑饉交巨艱護我軀
壽已十死之不足年
免皆天意乙亥港省
毋高樓夜遇刺閘

閻正對賊罵業僅
尺咫大呼吾閻門驚
奔賊走避乃改炸藥
焚買肆穿地隧吾

適園南行闔戶兒
于陵懸金五十萬購
我頭顱貴橫地浩茫茫
視天夢瞶瞶庚戌居星

坡又為敵所忌使賊
夜斬關幸大痛斷
臂吾先及曉行破浪
已遠致天幸何多遂

湘纍而後詩廿年亡
海外時時獨一死還
屬繫衣帶恆幹付
僕婢居危莫為扶

世病難歸侍憂國驚
溺惻思家軫病姊祭
先頹去後望鄉歸去
自浮雲蕩長去飛揚

惟尔企頻繁數絶
糧質物盡着耳印
度居絶域交通艱郵
寄望兒大吉嶺塵

見之于彼小墳向
中華後顧無有嗣
囊餘十四鐵自分海
臺委羲之須彌雪天

半橫峻義望岳歌
采薇金石吟擁鼻
英雄方時來霸王
自高視文夫慣餓死

備保之何恥讖業難
足山伽耶塔尚巋
方塘十七龕有齋
挾女季山道夜深

行白牛車緩馳山僧
挾二梃防盜出与擒
不便閑狼噪深林
憂虎啞駇馬哲孟雄

荒山日行四徑窄路
又滑日黑驛未蔽
下臨象文澗轟流
浪聲怒林密杳冥

見山暝行彌還前
趨憂豺虎後顧憂
蛇虺長嘯悲提猿一
腳驚山鬼回壁投

我懷撐刀捫望井天
寸扶服行一步汗喘喘
出林見星光據石聽流
駛枯坐待天旦尋燈露

逗撓喜心乃翻倒得生
倒酒匜庵德通目疾延
醫養藥餌腹痛摩
洛哥不敢入郊部洪

濤渡西洋巨浪之其
屣吾道其非耶贖
野多虎兕生嗟人道
絕死葬蠻夷肆之

天降大任拂乱苦
心志險阻与艱難重
耳久歷试大地環三
周四海足曾履耶

夜日不落北極看霞
飄游三十一國行六
十萬里十九年于外
子卿已暮齒竟逢

唐虞禪已無舜禹

事新室善詐符曹

社陰謀鬼謬僞共和

名只為篡盜計四

海飲泉狂九州慘鼎
沸生民哀塗炭百
物號更始九關布席
豹白日走魑魅學校

禁讀經天孔廢禮祀
僊々觀飛舞攘々爭
權利荃蕙化爲茅
苦橘變爲枳神社

与神帝風晦泣壇
墳鬼妾与鬼馬色
慧供娛使神州憂
陸沉須磨悲顛覆

龔勝辱頻徵管寧
臥不起東海吹鼉浪
風木衰陟屺白首
奔走還朝市久變

置重入黃浦江若隔
人間世重坐白雲山
毀壟難為祭重返銀
河鄉見塔君夢寐

重上滄如樓摩抄七
松翠愴然化鶴歸
人民似非是蕭蕭茂
陵樹風雨泣荊杞臥

棘銅駝傷入河金仙
淚舊俗既遷移故
化之淪墜大好舊
家居纖兒撞破壁

神器既折散誰能
造新器我歸一不
讒君異域人責閉
門來暇論無賢愚

碧美歐戰羞風

雲申江邊遲次

沁園艷池蕓書

畫之清閟藏書

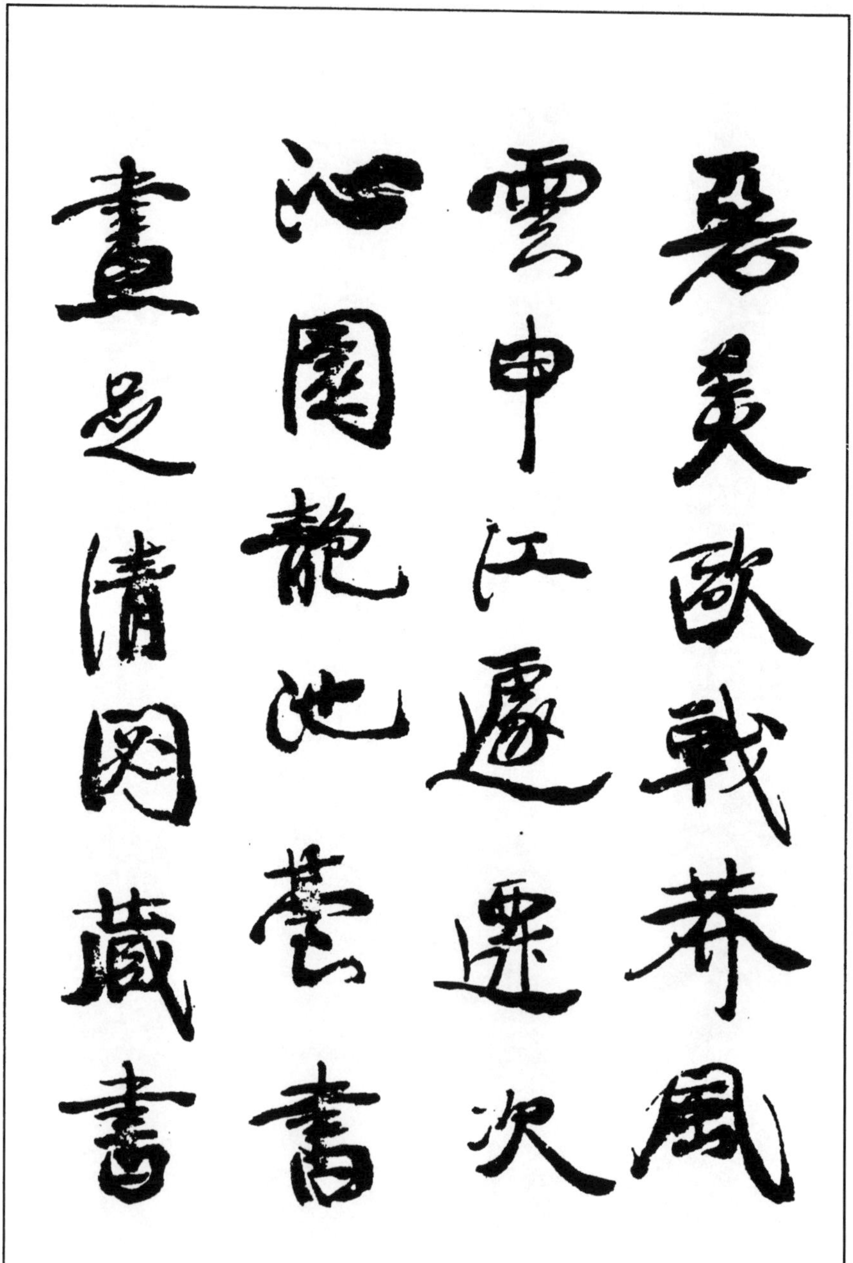

廿萬卷四百畫庵
筍致美亞珍物博
搜集瓌詭少文為卧
遊華胥夢酣肆

山谷芳杜若牽蘿遶
園綺漱松飲石泉
寒芳采蘭芷歲
晏孰華予種菜

不樹碑巨君懷大
欲託名置金鐀書
盜起巨波洪憲圖
帝制吾時游西湖

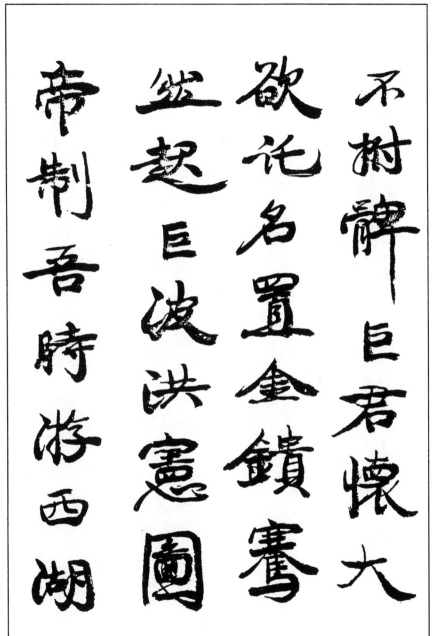

看管幾因纍翻幸
脫樊籠懸責猶窮
何吾本澹蕩人魯
連義不帝發憤

呼羲徒奔走易趙
幟碧海擊巨鯨大
力曳肩鼎革尤旂
已滅嘖宦議尚興

五年三大亂蟲沙
可歔嚱君子為猿
鶴小人為螻蟻四海
嗟困窮杼軸與筐

進機樞己停携邦
國無活理中原试
睨坐澄清待攬轡
蕭輪遲申公洪範

訪箕子執政虛旁
求碑曲阜歎指峙
峒多風雲横天射
長彗鯤鵬負九家

千里假翼翅披狠
歸紫氣太清澄霽
津渺渺乎予懷天乎
胡此醉補天猶未能

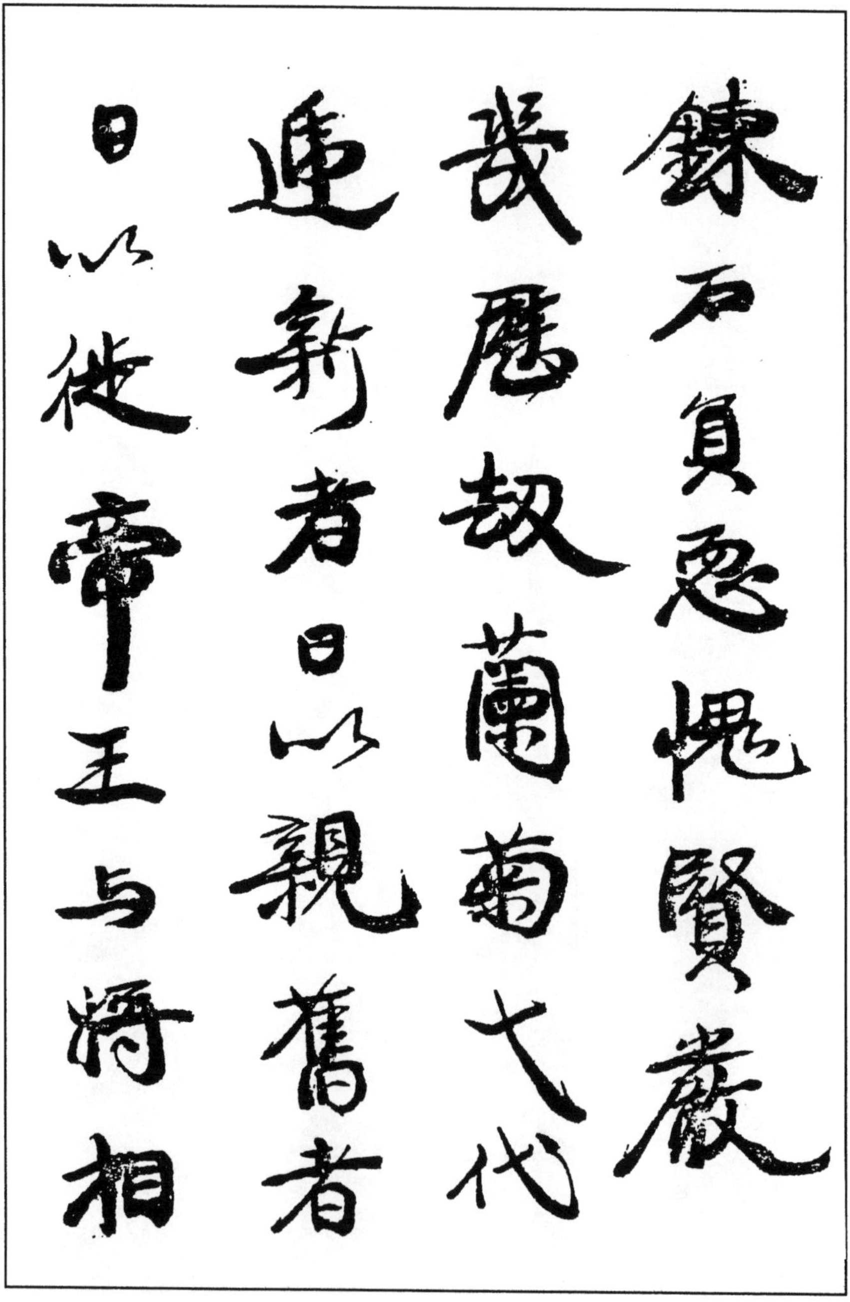
錄石負恩愧賢豪
幾歷劫蘭菊七代
遷新者日以親舊者
日以徙帝王与將相

親戚及友紀山郎多
零落吾生觀何爲長
人多遭憂無如我所
被過眼雲烟中收拾

色也裹維吾覽揆
辰五日月維二六火
赤流屋子夜吾生
始戊戌六流火蓋歲

禍先儕父老色驚
奔走咸作異書來再
世延晉祖賦詩魁時
來歐州鐸名余歟為

誌厚頂受袁告趙庭
訓垂鯉康叶劉康公
秉侍所受氏代傳青
箱業十五世為士十

一齡能文十二覽傳
記連州觀競渡占
詩二百字耆宿驚
傳誦神童遂譽俛

長受九江學大道嚀
其蔵以聖必可學豪
傑能仰跛虹氣摩
青蒼長劍碧天倚

生性本澹泊握道家
日居幽ゝ雲洞奥峨
我進山峙秀木下
攤書瀑流聽瀰ゝ

故鄉銀河橋故園
七檜址磨月蒂葉
影落花滿衫履金
山望紅棉花壞種

萊荊蓬館日游行
綠暗閭紅醉究極
天下略研窮諸教旨
著書遂等身叢真

除耕耘講學得英
才循陔奉甘旨雖
嘗竊科第無情求
祿仕平生不入官好

游有齋嗜樂豐艸
長林行山顛水溪松
霞弄暉變花鳥獻
天媚漠沙山海巨雄

奇入目皆造物妙文
章千紅更萬紫吾
既生其中樂天受蓄
祉前哲竭心思制禮

樂工技吾幸生甚後
美樂略大備合者
會受之濟衆用博
施若生太平時獨

樂吾几几豈肯預
人國歷險冒訕誹
無如哀民艱又痛
國事燬猥以不忍

心百難遂集矢亡
身及其親戮尸及
先骴三魂易斷喪
廿載歌瑣尾臨崖

足垂外蹶墜下去
底仰涎見鱷魚磨
牙遇封豕假能致國
強身殉之樂只還

觀中國勢墜間日
傾否空自覆吾家
危身其餘幾胡不
為燕雀稍巢飽秦

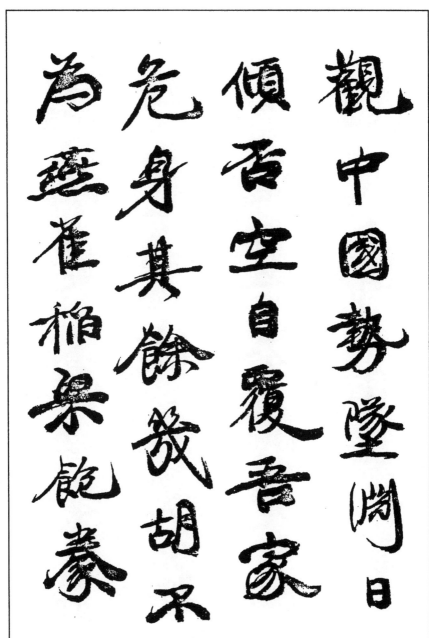

鳳胡為慕巨贅戴
山竟流徙表彰倫
反論置罘陷老伍
見人鮮佳妙觀

物得欣意林泉遂
日月豈不得樂愷
會旃復會旃遯世
永謝棄入山遐不

深夜處衣荷芰人外
天海濶道逍遙歡
冥斯人既吾與同
遠應大底萬物皆一

體諸天垂因氣發願
撤疾苦華嚴現彈
指中天倪雲雨大旱
待一溉瓦礫与腥膻

不厭人世味往返曾
八千來此偶現示戲
辱与謗攻皆吾夙孽
遺于天罔不怨于人

亦不慧化人之煩
惱戀然亦何似世
界自差量國土本
蕞爾陶輪曾一擲

天地為傾陀八表
雖經營僅若洽濤
比天宮游汗漫地
獄入剛排宣敢揮

患難但毅吾悲智
慨鬢白成絲斷髮
短以眊觀河面遽
皺嗟余其老矣惟

吾備腦書赤子心
尚攜假年百二十
吾志自強模形容
日衰艾浩氣日壯

厲縱浪大化中不
憂亦不喜江海娛
浩蕩天人自游歲
丁巳元日賦此得二

百三十五韻沈培老
布政言古人家長
詩只一百五十韻吾
遇阮奇擾萃斂之
不覺冗繁雜故旆

晉郊以示衆也
孔子二千四百六十九年
二月朔南海康有為

行年得六十壽逾
天地老君試觀蟪蛄
莫度春秋善相彼蟭
螟巢微生物無數吾

窺顯微鏡蠕蟲紛
生聚視虱如車輪
甚體骨已巨虱體之
血輪有地球團土析

之萬億千辰轉學生譜累析及至微須貫幾時序吾人之一疇彼已壽千古精

心冥推想比例難疏
舉然則六十年豈
止億歲許以觀我家
生宇宙樂仰俛

行年已六十生性不
知老我壽億萬歲
恆沙無量數生視
天人度生死輪迴

昔國土幾沉滅星
日多隕玄天行運
不停日月昇大宇
時放光明化生茲

居士彗星觸之沉
墨睹遂萬古開闔
在所覺視猶頃刻
許山中千歲者縮

短七日慶視此六十
年豈直比旦暮
而何稱祝為謬尔
傳者父

丁巳元日賦長篇
餘意未盡而韻已
將盡乃再賦此二
章吾生平所得
在此也康更生

金精正芒寒本
自斂摩發獨立
放光明照灘爭白
目吾徒

徐君勉清淨瑩
冰雪華岳見秋
隼爽際動毫
髮泰山矗雲端

正色壁積鐵天
生青雲器惡濁
掃一切惟有敬
國心畢生腸内

熱金城植德本閒
徧万千劫靈山風
世會与吾億生結
發願來人間欲將

亂世撥神勇震
雷霆大仁本惻怛
冠歲來問學大
義獨貫徹英才

群倩来深叢孤
罷哭吾時發大同
散財養俊達卓
犖博羣書敏銳

通儒術駿馬騫
坡瀾奇思騰文
筆草堂元都講
門人咸敬悅吾開

強學會留後支
隉杌會散改時
報雄文任撰述
大聲談國事震

多起聾瞎吾憂
下無學創校在
東國大同開學
舍橫濱崢屹二

君往充校長學子莘〻茁九畹馨蘭蕙廿載歸瓜瓞後卒業大學

數百爛霞蔚從政
僑中外至今思棠
茇友文東國賢才
名結僑肝大養君

傳子德行為第一
信哉得其真聲聞
不可過戊戌吾聞
政欲君持東節幽

都日忽冥黨禍
發倉卒英艦救
至滬蹈海欲永
訣吾之母在堂思

家心痛割以君忠義資貽書相付託絕命永訣書天下々傳說林

逮至十族捕逮汝
幸脫保皇与憲
政聞會百國說
惟君獨呼號美

亞重蘭地山海度
蒼茫廿萬里播越
忠信涉洪濤公康
動萬物毀家紓

患難冒險載飢
渴平恕待僑民
赤心收豪猾四洲
地華僑惟君能

提絜咸為至誠
感非徒辨才折
庚子吾勤王君大
收豪傑並轡唐

才常緯擅籌密
勿歷載備險艱大
事痛蹉跌雄心益
發憤奔走毋厭

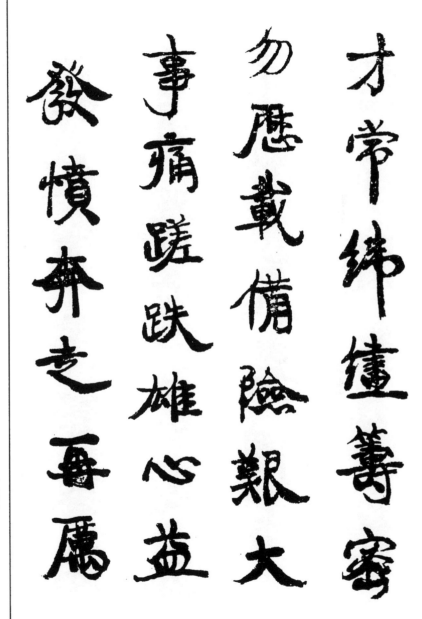

揭南渡星架坡深
入暹羅寔東越太
平洋美墨周車
轍徧開數報館

大掉廣長舌民
智雖日開國變
竟擎裂大盜遂
移國哀激憂子

禁授君總領事封
還官誥勞日夜收
將士勒卒彌百
粵吾亦犒捨宅助

犒師遂鯨哭橫海
跨樓船駕浪羊城
伐海珠讙和會伏
兵遁
羅尉鎗聲

迸雷震伏地積
尸壓皇天祐仁人
電船來救出勞病
垂累年肝肺傷

成疾险死喜更生
得天竟逢吉时机
岂患无养生宜
勿失君今五十岁

十四月當七渠鴻
与孟光齊眉壽
靈巴才子能亢宗
兩孫知覓粟人生

嗟實難大劫慘
流血歐戰与吾華
帝王同慘殺無
貴賤賢愚蟲沙

皆斷刮吾与汝多
難死生同契濶今
俛仰無盡且能
祝哽噎相顧應喜

樂飲酒聽鳴琴雖
丢中國危無念心
怵怵宜觀有生樂
神明自超逸再

祝山十時引髮
吾醉兀諸天高量
數御風游傳駟
騰雲駕紫蜺揮

手挽日月俛視地
如橙不足當一瞥
報子以神方贈子以
玉璣試開天中天

長生有靈偕度劫

億万歲壽灾永除

被神珠定且明天

龍弄一鉢

君勉

仁弟五十壽賦詩
祝之辛酉七月康
有為更甡叟